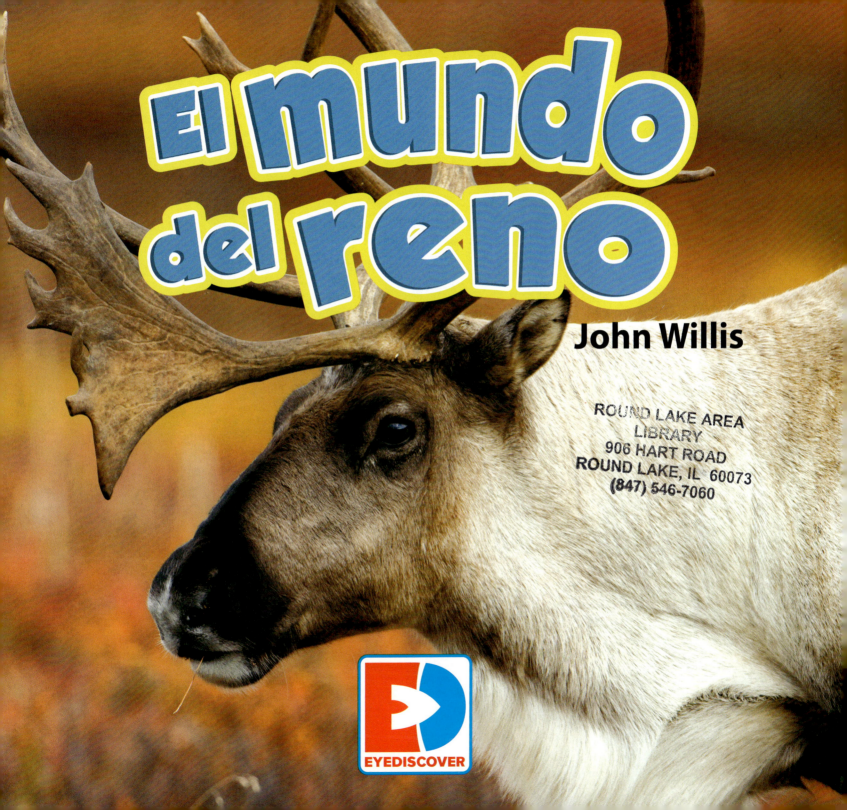

El mundo del reno

John Willis

EYEDISCOVER

EYEDISCOVER

Ve a **www.eyediscover.com** e ingresa el código único de este libro.

CÓDIGO DEL LIBRO

A V Z 5 8 3 4 7

EYEDISCOVER te trae libros mejorados por multimedia que apoyan el aprendizaje activo.

Published by AV² by Weigl
350 5ᵗʰ Avenue, 59ᵗʰ Floor   New York, NY   10118
Website: www.eyediscover.com

Copyright ©2019 AV² by Weigl

Library of Congress Control Number: 2018942796

ISBN 978-1-4896-8195-9 (hardcover)

Printed in the United States of America
in Brainerd, Minnesota
1 2 3 4 5 6 7 8 9 0   22 21 20 19 18

052018
011618

English Editor: Katie Gillespie
Spanish Editor: Ana María Vidal
Designer: Mandy Christiansen
Spanish/English Translator: Translation Services USA

Weigl acknowledges Getty Images and Shutterstock as the primary image suppliers for this title.

EYEDISCOVER proporciona contenido enriquecido, optimizado para el uso en tabletas, que complementa este libro. Los libros de EYEDISCOVER se esfuerzan por crear un aprendizaje inspirado e involucrar a las mentes jóvenes en una experiencia de aprendizaje total.

Yo soy un león.

Mira
El contenido de video da vida a cada página.

Navega
Las miniaturas simplifican la navegación.

Lee
Sigue el texto en la pantalla.

Escucha
Escucha cada página leída en voz alta.

Tu EYEDISCOVER con Seguimiento de Lectura Óptico cobra vida con...

Audio
Escucha todo el libro leído en voz alta.

Video
Los videos de alta resolución convierten cada hoja en un seguimiento de lectura óptico.

OPTIMIZADO PARA

✓ **TABLETAS**

✓ **PIZARRAS ELECTRÓNICAS**

✓ **COMPUTADORES**

✓ **¡Y MUCHO MÁS!**

El mundo del reno

En este libro, aprenderás sobre

- **cómo me veo**

- **dónde vivo**

- **qué como**

¡y mucho más!

Yo soy un reno.

Yo soy parte de la familia de los ciervos. Mi grueso abrigo de piel me mantiene caliente.

7

Vivo en lugares fríos al norte.

Mis pies son más anchos que los de cualquier otro ciervo. Me ayudan a caminar en la nieve profunda.

Mis amigos y yo vivimos en un grupo llamado manada. Vamos muy lejos para encontrar comida.

Me gusta comer plantas como hierba y musgo.

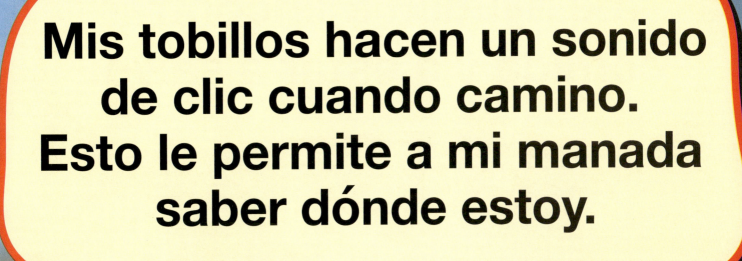

Mis tobillos hacen un sonido de clic cuando camino. Esto le permite a mi manada saber dónde estoy.

Tengo un gran par de cuernos. Mis cuernos me ayudan a encontrar comida y a estar a salvo.

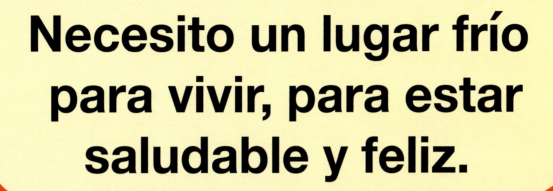

Necesito un lugar frío para vivir, para estar saludable y feliz.

21

RENOS EN NÚMEROS

Los renos pueden **FLOTAR** en el **AGUA**.

Un reno puede pesar **más de 500 libras.**
(227 kilogramos)

Un reno puede correr hasta **50 millas por hora.**
(80 kilómetros por hora)

A los renos no les crecen los cuernos hasta los **2 años**.

Algunas **manadas** de renos tienen más de **500,000** miembros.

Un reno puede comer hasta **18 libras** de comida al día. (8 kg)

En **Norteamérica**, a los **renos** también se les llama **caribús**.

Mira
El contenido de video da vida a cada página.

Navega
Las miniaturas simplifican la navegación.

Lee
Sigue el texto en la pantalla.

Escucha
Escucha cada página leída en voz alta.

Yo soy un león.

EYEDISCOVER

Ve a www.eyediscover.com e ingresa el código único de este libro.

CÓDIGO DEL LIBRO

A V Z 5 8 3 4 7